CONSEILS

A

LA CLASSE OUVRIÈRE

SUR L'ÉLECTION DU PRÉSIDENT DE LA RÉPUBLIQUE

ET SUR LES

MOYENS D'ÉVITER LES LUTTES DU COMPAGNONNAGE,

PAR L. D. CŒURDACIER,

TAILLEUR DE PIERRES, DIT *JOLI-CŒUR*, DE DARNEY,

COMPAGNON DE L'UNION.

NIMES.

IMPRIMERIE BALLIVET ET FABRE,

RUE DE L'HÔTEL-DE-VILLE, 11.

1848.

1849

PRÉFACE.

—

AUX OUVRIERS.

Mes chers Camarades,

J'entreprends un petit ouvrage ; je ne sais si je réussirai en le livrant à la publicité ; mais je ne négligerai rien pour que vous compreniez ma pensée et qu'elle vous soit utile, car c'est à vous, Ouvriers de tous arts, que je m'adresse, en vous priant de vous unir aux mots sublimes qui sont inscrites en tête de la Constitution, œuvre sacrée du **24** Février **1848**, scellée par le sang de nos frères, pour le triomphe de la Liberté et la destruction du Monopole.

Orphelin de père dès l'âge de dix-huit mois, je n'ai presque pas reçu d'instruction ; ce que je sais, je l'ai appris en grande partie sur mon tour de France.

Je vous en parlerai avec l'aise et le malaise que j'y ai éprouvés, étant parti en blouse et n'ayant pour toute fortune que mes bras. Vous verrez dans ce petit ouvrage l'utilité de voyager, et de voir, comme on dit, un peu de tout.

J'exposerai mes opinions politiques, dussent-elles vous contrarier, et je désire que ma pensée vous soit utile pour éviter les scissions qui ne sont que trop fréquentes.

CŒURDACIER,

Tailleur de pierres.

CONSEILS
A LA CLASSE OUVRIÈRE

Sur l'Élection du Président de la République

ET SUR LES

MOYENS D'ÉVITER LES LUTTES DU COMPAGNONNAGE.

CHAPITRE PREMIER.

Biographie.

JE suis né en 1816, dans un petit village près de Darney, département des Vosges ; j'ai appris l'état de feu mon père, qui était tailleur de pierres, et je fus guidé par mon frère avec une douceur remarquable.

A l'âge de quinze ans, je commençai à voyager, ayant bien soin de ne pas m'éloigner de mon village, afin de pouvoir revenir passer l'hiver chez ma mère, bonne par excellence.

A vingt-un ans, étant libéré du service, je partis pour Paris, où je travaillai dix-huit mois, et ne quittai cette ville qu'en 1839. Après la révolution, c'est-à-dire après l'émeute des 12 et 15 mai, j'y retournai en 1841, et je fus très-longtemps sans ouvrage ; la pensée me vint de me faire soldat, et ma mère l'ayant appris en éprouva un grand chagrin. On disait au village que j'étais en prison, (on est si en retard au village) ; j'écrivis au maire le contraire, et lui envoyai une pièce que je me fis délivrer à Paris, qui prouvait mon identité. L'hiver vint, et me trouva, comme beaucoup d'autres, sans le sou et sans vêtemens ; mais cette fois j'étais trop loin du pays natal, et trop fier pour y retourner dans un pareil état. Je connaissais un négociant et m'adressai à lui ; il m'envoya en Picardie dans une fabrique de limes (je connaissais un peu cette partie) et je passai cet hiver assez heureusement.

Je revins à Paris l'année suivante, je travaillai aux fortifications jusqu'au premier novembre ; mais, voyant l'hiver s'approcher de nouveau, je me décidai à partir pour Marseille parce que j'avais appris que le canal était en grande activité. Je trouvai de l'ouvrage, et j'y fus à-peu-près heureux.

L'année suivante, j'entrai comme chef de chantier chez un entrepreneur, près du pont de Roquefavour où je restai quatorze mois. Les travaux ayant été suspendus, je partis pour Massane, département du Gard, avec vingt-cinq de mes camarades pour le compte d'un nommé Brives, entrepreneur à Montpellier, qui avait écrit à la société, pour essayer la concurrence avec une société adverse qui était déjà sur les lieux.

Défense était faite dans le chantier de chanter contre l'une ou l'autre société, mais ce régime ne pouvait durer longtemps. Un jour, en buvant le vin du chantier, (c'est ainsi que nous disons), une première rixe eut lieu entre compagnons, mais sans conséquence ; j'étais premier compagnon et je fesais tout mon possible pour éviter les collisions ; malheureusement, ce jour-là, je n'étais pas au chantier. Huit jours après, une autre rixe, et, enfin, le lendemain de l'Ascension une rencontre de quatre contre quatre eut lieu ; j'en fesais partie malgré moi. Il fallait, pour rétablir l'ordre, que l'entrepreneur choisît l'une ou l'autre société, et il fut convenu et décidé que nous devions partir puisque nous étions venus les derniers. Mais comment faire ? il n'y avait que deux mois que nous étions arrivés, on avait fait la fête de l'Ascension, et plusieurs d'entre nous redevaient à l'entrepreneur, et il fallait faire quarante lieues pour arriver au point principal de notre société qui était à Roquefavour. Le citoyen Brives nous fit l'avance de 250 francs en présence de six compagnons. Je signai le billet, et j'ai été obligé de le payer presque tout seul, comme je le prouverai plus tard.

CHAPITRE II.

Mariage.

J'avais 29 ans ; réfléchissant sur la vie de garçon et ses vicissitudes, l'idée me vint tout-à-coup de me marier. J'avais laissé une bonne amie (mais non une maîtresse) dans mon pays natal ; lors de mon second voyage à Paris, il y avait cinq ans que nous entretenions une correspondance très-suivie. Je partis donc de Tarascon, où je travaillais en ce moment, pour mon village ; un mois plus tard j'étais marié et je revenais avec ma femme où mes affaires m'appelaient, à Tarascon.

Dès mon arrivée, je me présentai chez M. Talabot, ingénieur en chef et directeur de la compagnie du chemin de fer de Marseille à Avignon ; mais, à cette époque, le citoyen Talabot ne recevait pas tout le monde et il me fut impossible de le voir. Il n'est pas du même caractère que le citoyen Mont-Richer, ingénieur en chef et directeur du canal de Marseille.

Cependant, je ne perdis pas courage ; j'écrivis à M. Talabot, en joignant à ma lettre deux certificats de capacité, et j'eus la faveur d'obtenir une réponse ; je restai à Nîmes pour couper plusieurs travaux d'art et entr'autres l'embarcadère de Nîmes à Montpellier, guidé par Napoléon Chabert, mort trop tôt pour tous ceux qui l'ont connu.

Ne pouvant me lancer dans les entreprises vu la rigueur de l'hiver, je demandai une place de surveillant de travaux d'art qui me fut accordée. Un an plus tard, comme j'avais beaucoup d'ouvriers sous mes ordres, je louai une maison pour pouvoir y nourrir ceux que j'avais le plus connus, afin de les faire économiser, et il était bien entendu que ceux qui se griseraient ne mangeraient plus chez moi. Tout marcha fort bien, mais quel ne fut pas le désappointement de ces Messieurs quand, à la première paie, je leur retins la pension ; de là des criailleries pour les mauvais payeurs, qui disaient : *il a tout notre argent !* Trois mois après, je les renvoyai, et, plus tard, nous verrons s'ils n'ont pas eu besoin de moi.

Étant entrepreneur de la pierre de taille du viaduc du Rhône et du viaduc de Tarascon, il y en eut quelques-uns qui revinrent à la maison et finirent par me donner 100 fr. sur ce que j'avais avancé à la société, à Massane.

En 1847, la Compagnie, ou plutôt M. Talabot, voulant favoriser un certain entrepreneur, que je nommerais au besoin, lui donna tous les travaux du viaduc du

Rhône, stations et viaduc de Tarascon, ainsi que le viaduc de la Durance, quoique ce fût un autre qui l'eût
commencé et qui était très-capable. Enfin, le protégé de
M. Talabot accapara tout, et malgré cela il fut encore payé
de ses appointemens, comme chef de division, à 500 fr.
par mois, pendant très-longtemps. Pauvre administra-
tion! il n'est pas étonnant qu'elle ne puisse pas payer! il
y a eu tant de cas pareils!!!

Je suis persuadé que la majeure partie des action-
naires de ce chemin ne connaissent pas tous les priviléges
dont on a gratifié certains entrepreneurs. Voici dans le
nombre celui qui est le plus remarquable :

On a donné, entr'autres travaux d'art, l'embranchement
de Beaucaire à un médecin de cette ville qui, à son tour,
donnera une bonne leçon à la compagnie, car, il y a un
pont en biais établi sur le canal du midi qui tombe en
ruine avant d'être achevé. Cela ne doit surprendre personne; car, enfin, de quoi va s'aviser un médecin de
faire construire !... Il croyait peut-être qu'il serait aussi
facile pour lui d'établir un pont, que de monter des sque-
lettes sur des ressorts! Quelle erreur! Cependant, il y
avait à cette époque, comme il y a encore, des entrepreneurs sans ouvrage qui ont fait leurs preuves, qui sont
prêts à relever le pont en question, en attendant que la
compagnie finisse, non de les solder du travail fait, puisque c'est impossible, mais au moins de les régler ou leur
donner de l'ouvrage.

Je restai donc pendant deux mois comme sous-traitant
au viaduc du Rhône en fesant une remise de 2 fr. par
mètre cube de pierre de taille, et cela verbalement, mais

comme le chef entrepreneur s'aperçut que je fesais quelques bénéfices, il me chercha querelle et voulut même faire sortir du chantier mes ouvriers qui restèrent cependant en m'employant de toutes mes forces auprès de l'ingénieur. Je fus encore payé d'ingratitude, car je n'entendis plus parler de l'argent que j'avais avancé à la société ; plus tard, et pour règlement de compte, il me fallut soutenir un procès avec l'entrepreneur devant le Tribunal de commerce de Tarascon, et l'équité des juges qui le composaient me donna gain de cause.

CHAPITRE III.

De la République.

Je ne veux pas suivre l'histoire, je ne parlerai que d'après mes connaissances. En 1830, les Républicains pensaient, comme en 1848, à une République démocratique.

Il serait à désirer que l'ouvrier s'instruisît, pour qu'il ne se laissât pas séduire par de beaux discours, et, pour cela faire, il devrait consacrer une heure ou deux après la journée, soit à la lecture de bons ouvrages ou à l'écriture, au lieu d'aller au cabaret ou dans certains clubs, où souvent il ne puise que des doctrines qui le perdent lui et sa famille. Je dirai donc qu'en 1830, Lafayette se trompa en faisant entendre au peuple qu'il fallait un roi-citoyen ; ce roi a volé la nation pendant dix-huit ans ; ce roi a trahi son serment de fidélité à la charte de 1830. Ce roi, enfin, a dévoré jusqu'aux dépôts des caisses d'épargnes , économies sortant de la sueur du peuple et faites avec tant de privations. Qu'on ne parle donc plus de roi, il n'est plus possible en France. Les légitimistes diront : Mais qu'a fait la République jusqu'à présent ? Je répondrai que, sous la monarchie il n'y avait que corruption et corrupteurs qui ont ruiné le Trésor ; voilà le grand mal d'aujourd'hui ; et le grand remède serait de faire un emprunt forcé sur tous ceux qui se sont engraissés sous les derniers règnes.

Les légitimistes disent aussi : la France a neuf cents Représentans à vingt-cinq francs par jour chacun, que font-ils ? Ils se querellent et ne pensent pas à ce bon peuple. Je répondrai encore que la faute en est au peuple ; car il ne devait pas envoyer à l'Assemblée des hommes monarchiques pour fonder une République ; si le peuple avait écouté avec plus de sagesse les conseils de Ledru-Rollin , il n'en serait pas ainsi aujourd'hui. Mais il a reçu un bon avertissement , et aux prochaines élections il fera son devoir.

Il serait à désirer que tout citoyen ne sachant pas lire et écrire fût exclu du vote général; cela serait bien pénible pour lui, mais ce serait bien plus à son avantage , soit pour le bien de l'ordre ou pour son instruction par la suite..... Combien y a-t-il de campagnards à qui l'on donne un bulletin, qu'il va déposer dans l'urne , sans savoir pour qui il a voté ? Ce bulletin lui est donné par le curé ou par son propriétaire , qui lui dit : Vote pour un tel, ou je..... S'il savait lire et écrire, il pourrait promettre , pour conserver sa place qui donne du pain à ses enfans, de voter en faveur de celui qu'on lui désigne ;

mais, écrivant lui-même son bulletin, il voterait d'après sa conscience.

Qu'arrive-t-il au moment des élections? Ce sont les journaux qui font une liste de candidats, presque tous leurs amis, et la plupart inconnus de la population; les prétendans ont des commissaires dans chaque réunion, jusque dans les cafés. Une fois portés par les journaux, ils gagnent beaucoup de voix de cette manière. Il est une chose bien étrange à mes yeux et dont l'Assemblée n'a pas encore parlé; ce sont ces triples élections, ces émeutes qui ont lieu dans les villes par rapport aux candidats étrangers à la localité, ces élections annulées par la chambre et qui au second tour de scrutin sont encore favorables au Représentant rejeté par la chambre; il en a été ainsi à Montpellier, Avignon, etc. Il ne faut qu'un Représentant par quarante mille âmes de population, ce qui fait à peu près dix mille votans; comment se fait-il que ces dix mille votans aillent chercher un Représentant étranger à leur département? c'est donc l'intrigue qui agit sur les masses, car il y a bien un homme capable dans ces dix mille votans,

Voyez les Genoude, les Thiers, les Napoléon (Louis) et autres se présentant dans cinq ou six départemens à la fois; s'ils réussissent partout, voilà quatre ou cinq départemens qui doivent recommencer les élections. Pour qui la honte? Pour les électeurs qui devraient voter pour un homme du pays et non pour un étranger à la localité. Voyez si les départemens du Nord n'ont pas bien agi en général. Les Genoude et les Girardin qui ont fait des pieds et des mains, l'un en se tappant sur les cuisses, l'autre en faisant des alinéas, n'ont pas été nommés; ce n'est pas la faute du clergé, oh! non, car il a employé tous les moyens qui étaient en son pouvoir pour faire des prosélytes et influencer les électeurs jusqu'au prône, dans leurs sermons, au haut de la chaire, et plus bas encore.

Ouvriers braves et laborieux, serrons nos rangs et tâchons de nous entendre dans peu de jours. Le 10 décembre, nous serons appelés pour élire le président de notre jeune République. Que chacun de nous se souvienne que du nom qu'il déposera dans l'urne nationale dépend le sort de la France, le bonheur du citoyen, le repos de la famille et la prospérité de l'industrie par la reprise des travaux. Que chacun de nous mette la main sur sa conscience, et laisse la liberté du vote à tous les citoyens, à ces conditions nous aurons, je l'espère, un bon républicain pour président.

Ouvriers, nous sommes la masse du peuple; rallions-nous, et tenons-nous en garde sur les intrigues sans nombre qui vont éclore de toutes parts. Il y a des candidats qui vont chercher les voix, mais il y en a aussi que les voix vont chercher. C'est à ces derniers qu'il faut donner les nôtres. Car ceux qui viennent à vous avec politesse et douceur avant le vote, n'agissent trop souvent que pour vous perdre après; ils font comme celui qui caresse d'une main et déchire de l'autre. A qui en est la faute? A nous, hommes du peuple. Examinons un peu le gouvernement de la République, des précédens. Il n'y a nul doute que la République est préférable, la nation toute entière l'a acceptée à l'unanimité et sans effusion de sang, et si les sanglantes affaires de juin sont arrivées, nous devons tous les déplorer, car elles n'ont servi qu'à faire continuer la crise financière, et la majeure partie des instigateurs ont échappé à la justice. Si la République n'a pas agi avec assez de fermeté dans les premiers momens, c'est qu'il y a eu trop de nuances entre les membres de l'Assemblée constituante il fallait battre le fer quand il était chaud.

L'ajournement des élections a beaucoup contribué à favoriser des députés royalistes, qui certainement n'auraient pas été nommés un mois ou quinze jours plus tôt. Ils ont eu le temps d'aller dans les clubs faire leur profession de foi mensongère, surtout dans le midi de la France, où la majeure partie est légitimiste ; il y a même des villes assez importantes où il n'y a pas de garde nationale en activité, notamment à Tarascon. Heureusement, le citoyen David Millaud, vient d'être nommé maire de la ville à la satisfaction générale, et à la grande surprise des légitimistes en majorité au conseil municipal, et nul doute que le citoyen David Millaud s'empressera d'organiser la milice citoyenne.

Je suis républicain, et j'aime la République parce que la République ne donnera pas dix-huit millions à son président, ne donnera pas des dotations et des grades à ses enfans. La République, en un mot, est le plus beau gouvernement que la France puisse se donner ; avec elle, nous pouvons crier bien haut : Plus de priviléges!

La République, au lieu de créer des emplois, les restreindra, et sans doute que son chef, ou président, ne donnera les places qu'à ceux qui les auront méritées par les services rendus à la patrie ; voilà le devoir d'un gouvernement républicain. Braves ouvriers, c'est donc à vous principalement que je m'adresse puisque nous sommes les plus nombreux. C'est à nous à bien réfléchir, à examiner la vie politique de ceux qui se présentent pour demander nos suffrages.

Pour moi, j'aurais préféré que ce fût l'Assemblée nationale qui nommât le président cette première fois ; mais elle a décidé autrement et il faut s'incliner devant la majorité ; par cette obéissance passive, nous ramènerons l'ordre et la tranquillité, et nous surmonterons plus facilement la crise financière que Louis-Philippe a léguée à la France républicaine, nous ramènerons enfin la confiance dans le pays.

Examinons la différence des dépenses entre la monarchie et la République : l'Assemblée législative sera composée de 750 membres à 25 fr. par jour ; ces 25 fr. sont reprochés par beaucoup de légitimistes, voire même par des républicains ; tous ceux qui critiquent n'ont pas pesé le but moral de cette délibération.

Nous avons beaucoup d'ouvriers qui n'ont que leurs bras et qui sont capables, mieux que bien d'autres, de remplir le mandat de Représentant ; car, quelquefois, deux paroles pour et en faveur des ouvriers, dites par lui du haut de la tribune, porteraient plus de fruit, et peut-être vaudraient mieux que tous les beaux et remarquables discours de M. Thiers, qui tiennent quelquefois deux séances de l'Assemblée ; je n'entends pas critiquer M. Thiers ni autres, parce qu'il nous faut des hommes de talent, mais l'ouvrier qui a pris sur les heures de ses repas, sur son sommeil, pour s'instruire, a toujours un gros bon sens qui ne le trompe jamais et mérite bien des considérations ; car , que de privations ne s'est-il pas imposées pour parvenir à son but ? (1) Mais revenons sur nos pas.

Les 25 fr. par jour des 750 députés que les départemens enverront à la Chambre , les appointemens du président et du vice-président de la Republique , ceux du président de la Chambre , ne dépenseront à l'Etat que 250,000 par mois , tandis que Louis-Philippe avec sa liste civile et la chambre des pairs , coûtait plus de deux millions. La différence sera donc d'environ 20 millions par an d'économie ; que de travaux on peut faire avec ce budget , et combien de familles seront heureuses en travaillant. Et vous habitans des campagnes , ne vous laissez pas pervertir par les insensés qui rêvent encore une monarchie ; ils sont aussi fous que ceux qui rêvent au communisme.

Le sort de la France est donc aujourd'hui dans la majorité immense de la nation ; si la nuance des candidats qui se présentent à la présidence se trouvait d'accord et que plusieurs d'entr'eux se désistassent , le président nommé n'en serait que plus fort et moins sujet à un avortement qui pourrait être terrible plus tard ; ainsi donc, que la majorité n'accuse personne , et surtout qu'elle n'accuse pas la République , car ceux qui l'ont proclamée ont fait ce qu'il y a de plus beau , de plus sacré , cet appel fait à la nation pour le vote de tous les citoyens, c'est ce qu'il y a de plus grand , de plus sublime ; car , enfin , ce peuple

(1) *Lisez* la biographie de Perdiguier (Agricol), Représentant du peuple , dans l'*Histoire des Scissions du compagnonnage.*

qui, aux yeux des hommes d'argent, des grands proprié-
taires, des riches capitalistes, de la haute magistrature,
et même vis-à-vis du soldat, n'était rien, on le traitait
de brute, de serf, de péquin ; ce peuple, enfin, qui ren-
verse les trônes, chasse les rois, proclame les Républi-
ques, ce peuple va élire son chef, et tout chef qui sort
des suffrages du peuple a une grande puissance, car il a
été reconnu digne de le représenter.

CHAPITRE IV.

Des candidats à la présidence.

Toutes les conversations qui se tiennent en ce moment
dans les cercles, les cafés, les guinguettes, les restau-
rans, les cabarets et sur les places publiques, sont celles
de savoir qui sera président de la République, et combien
il y aura de concurrens ; mon avis est qu'il n'en faudrait
qu'un seul.

Est-ce le général Cavaignac, qui a rendu de grands
services à l'Etat, à la France ? Non ; car il ne pourrait
plus agir militairement, s'il se dessaisissait de son épée,
dont on peut encore avoir besoin ; et l'art. 50 de la Constitution dit : « Le président dispose de l'armée et ne peut
jamais la commander en personne. » Le général Cavaignac aime trop l'état de siége et ne renoncera pas à la
fleur de son âge à garder son épée dans le fourreau.

Est-ce Louis-Napoléon ? Non, car je crois qu'il a agi
bien cavalièrement le 26 octobre en posant lui-même sa
candidature du haut de la tribune, en présence de l'Assemblée nationale. Il ne parlait pas ainsi en entrant à la

chambre; il disait: «Qu'il était ému de voir que la France lui avait rendu ses droits de citoyen et qu'il n'avait d'autre prétention que celle de servir la République en qualité de simple Représentant. » Il vient aujourd'hui s'appuyer sur son nom, le nom immortel de son oncle ! . . .

Cependant il sait par expérience que les jours se suivent et ne se ressemblent pas ; il peut en être de même des oncles et des neveux, et il se présente avec trop d'ambition, comme je l'ai déjà dit ; ne donnons pas nos voix à ceux qui viennent les chercher ; autres temps, autres mœurs.

Le général Lamoricière, que les royalistes désirent porter à cause du *de* qu'il faut devant son nom, certes, est un citoyen d'un grand mérite par les services qu'il a rendus en Afrique, mais il ne quittera pas non plus son épée, et ceux qui veulent lui donner leurs voix ne seront pas assez nombreux pour former la majorité.

Est-ce le général Changarnier, qui n'a pas moins rendu de grands services en Afrique, et qui aurait, je crois, beaucoup de voix dans la garde nationale de Paris ; mais il faut deux millions de voix ; il n'y aura pas plus de six millions de votans.

Est-ce le général Bugeaud, qui a dit sous Louis-Philippe que le prolétaire ne devait manger de la viande qu'une fois dans sa vie : le jour de ses noces ! . . . .

Certes, voilà un homme pour le peuple !

M. Lamartine, malgré son incontestable talent et sa bonté bien connue, manque d'énergie et de fermeté pour gouverner la France; mais que de services il peut lui rendre comme Représentant !

A M. Thiers qui se tient par derrière, on peut lui

appliquer le mot inverse de Lamartine à la duchesse d'Orléans au moment de la régence, « il est trop tard !....» et pour M. Thiers, « il est trop tôt ! »

Dupont de (l'Eure) qui ferait honneur à la France, et qui a renoncé à toute haute fonction, vu son âge avancé ; je n'en connais plus d'autres, si ce n'est les citoyens Barbès et Raspail, qui sont sous les verroux, mais, qui feront agir et agiront en bons citoyens, en faisant donner les voix dont ils peuvent disposer, en faveur de Ledru-Rollin. Voilà le seul candidat sérieux pour qui nous devons voter; n'oublions pas que c'est lui qui le premier a proclamé la République, c'est donc à lui que doit appartenir, le premier, le siége de Président; ceux qui se posent en concurrence avec lui, n'auraient pas osé faire ce qu'il fit le 24 février 1848, proclamer la République et la chute d'un trône au milieu de la canonnade, et quand la victoire était encore incertaine. Le peuple ouvrier ne sera donc pas assez ingrat, (il ne l'est jamais) pour ne pas voter pour le citoyen Ledru-Rollin, qui n'a voulu que le bien du peuple toute sa vie ; si tous les travailleurs sont de mon avis, il sortira triomphant de la grande urne, et les enfans des légitimistes, des philippistes deviendraient républicains par la suite ; ce serait le seul moyen de conserver intacte la République qu'il a proclamée, défendue et que nous sauvegarderons. C'est donc Ledru-Rollin que que nous nommerons président. Je m'arrêterai court, car je m'y suis pris un peu tard, et j'ai le dessein de faire paraître mon travail avant les élections, on verra que je ne suis pas écrivain, tant s'en faut, que je tranche vite les questions ; je ne veux influencer personne, je l'ai déjà

dit, que chacun vote d'après sa conscience , je ne connais
ni Ledru-Rollin, ni les autres, j'avance mon opinion,
voilà tout.

Ceci est mon coup d'essai, et je souhaite de tout
cœur qu'il profite aux membres de la classe ouvrière dont
je fais partie ; cette classe est intelligente, et comprendra
ma pensée. J'invite donc de nouveau la minorité à s'incliner devant la majorité, quel que soit le nom qui sortira
victorieux de l'urne le 10 décembre, jour solennel où
tout Français jouissant de ses droit civiques doit prendre
part au vote, sans dictinction de parti ni de richesse.

Je renouvelle à la masse que nous avons besoin d'ordre
et de tranquillité pour ramener le travail. Le peuple a
beaucoup souffert et souffre encore ; il a fait preuve d'une
grande patience, et si les travaux reprennent leur activité,
la République prospèrera, et la France est sauvée si le
président et la chambre peuvent faire sortir le numéraire
des caisses des accapareurs d'argent. Alors seulement
nous aurons un gouvernement normal.

CHAPITRE V.

Des Associations d'Ouvriers pour les Travaux publics.

Le rapport du comité du travail en faveur des associations d'ouvriers pour entreprendre des travaux publics,
les décrets des 15 juillet et 18 août derniers sont bien beaux;
mais il y manque beaucoup de choses, et l'ouvrier ne
pourra suivre rigoureusement tous les articles qu'ils

contiennent, comme je crois qu'il sera bien difficile qu'une association de dix personnes puisse s'entendre bien longtemps sur tous les points ; car , tous les associés, bien qu'ils nomment un président, voudront commander aux ouvriers employés ; de là , le désordre, des querelles et peut-être la rupture. L'article du décret qui dit que les conducteurs feront des états tous les quinze jours , va très-bien, mais les quinze premiers jours que l'on commence un chantier , le travail fait est presque inaperçu, car il faut l'outillage, les frais d'actes, de timbre , etc., etc. et l'approbation du ministre, pour commencer les travaux; Dieu sait si elle se fait attendre ! moi-même j'en ai attendu une huit mois après l'adjudication.

Il est donc à désirer que dans la bureaucratie du présent, il y ait plus d'activité qu'il n'y en avait dans le passé. MM. les préfets feraient une bonne chose s'ils ne mettaient en adjudication que les travaux approuvés par le ministre en laissant en blanc le nom de l'adjudicataire.

Moi-même, ne suis-je pas sans travail depuis le 24 février? et cependant, dès le 28 août, il m'a été adjugé à Montpellier une entreprise pour la ville de Béziers, et depuis cette époque, je me promène en attendant l'ordre de commencer.

L'Etat s'empare du cautionnement et ne paie que les intérêts de trois pour cent, et encore soixante jours après l'adjudication; une fois les travaux commencés, on vous retient le dixième, mais je dis que c'est plutôt les deux dixièmes.

J'admets que les sociétés ne fournissent pas de cautionnement; il y aura sans doute pour les ouvriers un grand avantage. Que l'acte passé entr'eux les mette d'accord un certain temps ; mais ne peut-il pas arriver qu'un sociétaire soit obligé de s'absenter, et faire des voyages pour une entreprise? la plupart de ces voyages n'aboutissent souvent à rien, et les autres, voyant manger l'argent mal-à-propos, et pour une chose qui ne leur conviendra pas, se décourageront, et la scission peut éclater au milieu du travail.

Je crois que le meilleur mode pour réussir, ce serait aux entrepreneurs d'associer les ouvriers avec eux pour une part dans les bénéfices; si tous les entrepreneurs pensaient ainsi, ce serait à mon avis le meilleur moyen de venir en aide aux travailleurs. S'il en est autrement, il n'y aura qu'une faible partie qui profitera du décret voté par l'Assemblée. Il y a donc de grandes réformes à faire pour le sort des travailleurs. Enfin, leur instruction est-elle assez mûre pour pouvoir s'accorder dix ensemble sur tous les points, surtout s'ils sont tous aussi capables les uns que les autres?

Cependant, c'est le moment de faire des essais, surtout cette année, et, si cela réussit, c'est un grand pas de fait vers le progrès. Moi-même, je me mettrai volontiers en tête d'une telle œuvre pour encourager l'ouvrier; ce décret voté par l'Assemblée nationale sera alors le plus beau qu'elle ait fait. Puisse-t-il se réaliser entièrement, car c'est une noble pensée, une pensée fraternelle, pourvu que ces associations n'exploitent pas à leur tour l'ouvrier qui travaillera pour elles.

Tant que ceux qui possèdent les capitaux ne viendront pas au secours de la classe ouvrière par des prêts à bas intérêts, je crois que le gouvernement sera dans l'impossibilité de faire les avances qui lui sont nécessaires, il n'y aura donc qu'une petite partie des ouvriers qui profiteront des sommes votées aux entreprises, notamment ceux de Paris, et ceux qui en profiteront seront plutôt les maîtres que les ouvriers. Je n'en dirai pas davantage sur ce sujet qui demande de grands développemens et que je ne pourrais résoudre au fond.

CHAPITRE VI.

Des Sociétés du Compagnonnage; moyen de se réunir en général.

Ce que je désire le plus, c'est que les ouvriers puissent fraterniser, surtout ceux qui sont du même corps d'état. Il y a un vieux proverbe qui dit : « Tout pays fournit son monde »; toutes les sociétés seraient donc bonnes, si elles suivaient leurs statuts, et surtout s'il y avait un peu plus d'instruction chez l'ouvrier; il y aurait alors moyen de se rapprocher et de s'entendre ; je ferai tout mon possible pour y parvenir. De toutes ces divisions qui existent, qui en souffre le plus ? C'est vous autres, ouvriers du même art ; étant divisés par fractions, vous vous faites concurrence. Qu'arrive-t-il le plus souvent quand il s'agit de grands travaux ? L'entrepreneur s'informe de telle ou telle société, lui fait ses offres, et quelquefois pour l'honneur d'avoir du travail dans un grand chantier, vous offrez vos bras à cinquante centimes de moins par jour sur le prix courant, espérant revenir plus tard au prix ordinaire. Vous vous trompez ! Ce prix devient le prix courant, et fait baisser par la suite le devis des ingénieurs. Ce que je dis ici ne peut que m'être préjudiciable, car je suis parvenu à être entrepreneur. Voilà quatre ans que j'occupe un assez grand nombre d'ouvriers, mais ma pensée est toute dans l'intérêt général de la société. Je n'ai reçu d'instruction que sur mon tour de France, et ne pourrais pas écrire ce que je voudrais exprimer.

Le moyen d'arriver à une solution pour éviter ces batailles qui sont si souvent cruelles pour les vaincus et si dégradantes pour les vainqueurs et toutes leurs familles, par les procès et les condamnations qui s'en suivent, ce serait une fraternisation générale ; les tribunaux n'ont jamais assez d'éclaircissemens pour juger ces sortes de choses ; car, la vérité y est presque toujours cachée par ceux qui, quelquefois, sont détenus aux lieux et place des vrais coupables. Je connais un de mes camarades qui a été condamné à quinze ans de travaux forcés pour s'être trouvé en mauvaise compagnie. On nous a assuré que les deux coupables qui avaient commis le crime qui lui fut imputé, échappèrent à la justice en prenant la fuite. Ils ont tous les trois travaillé sous ma direction, en 1843, au canal de Marseille ,et je leur disais souvent, et principalement à celui qui est condamné, qui avait fait avec moi le voyage de Paris à Marseille, qu'ils fréquentaieut trop les deux coteries, que cela ne me plaisait pas par leur ivrognerie et leur grossièreté ; ils ne voulurent pas m'écouter. J'en renvoyai deux du chantier et ne gardai que celui qui est aux bagnes de Toulon pour s'être trouvé compris dans un assassinat commis par les deux autres et compagnie. J'ai ouï dire qu'il était mort de chagrin , et cela ne m'étonne pas car il était doux comme un mouton ; il n'aurait pas osé faire de la peine à un enfant. C'est ainsi que je l'ai connu tout le temps qu'il est resté avec moi. Il est vrai que du jour au lendemain un honnête homme peut devenir coquin, fripon, criminel, mais je ne puis croire encore qu'il ait été coupable d'une action si honteuse. Je ne soutiens pas le vice, je le déteste ; mais il est de ma connaissance, je l'ai vu continuellement à Paris, de 1841 jusqu'en 1844, et je lui ai toujours remarqué une douceur et une franchise remarquables. S'il est vrai qu'il ne soit pas mort et que mon ouvrage lui tombe entre les mains, il se souviendra que je lui disais souvent : Si vous fréquentez les ivrognes, vous deviendrez ivrogne ! il n'a pas suivi mes conseils, c'est un grand malheur pour lui et pour sa famille, qui le vit partir pour son tour de France parfait honnête homme, à l'âge de 19 ans. Voilà les dangers du compagnonnage mal entendu. Est-ce parce que je suis d'une société et vous d'une autre, qu'il faut nous calomnier, nous battre, nous tuer?... Ah! c'est affreux ! et il serait temps d'en finir. Il est vrai que ces crimes-là ne déshonorent pas autant les familles que ceux qui volent et tuent sur les grands chemins, car ce ne sont que des opinions comme les républicains avec les carlistes, les protestans avec les catholiques, etc., etc.

Je ne sais comment m'y prendre pour parvenir à un rapprochement général de sociétés de compagnonnage instituées par le grand Salomon, et divisées par maître Jacques, architecte de Salomon, à la suite d'une discussion avec le père Soubise, maître charpentier. Voilà donc à la naissance du compagnonnage une première scission qui ne devait pas s'arrêter là. De là sont venus les noms d'*Enfans de Salomon* qui sont les premiers ; mais les enfans de *Maître-Jacques*, qui sont les seconds, valent tout autant, à l'exception qu'ils ont dépassé les limites que le grand Salomon avait tracées. Depuis cette époque , et surtout depuis 1850 , il s'en est formé de toutes les couleurs , des jaunes, des bleus , des noirs et des rouges , enfin , c'est une vraie tour de Babel , on ne s'y reconnaît plus.

Chez les menuisiers , il existe cinq sociétés sous le nom de *Premier ordre* , *deuxième ordre* , *troisième ordre* , *du Petit-Christ* et des *Révoltés* ; on dit qu'ils fraternisent en ce moment, j'approuve leur résolution ; si toutes les autres sociétés suivent leur exemple , ce sera un grand pas de fait dans la civilisation ouvrière ; ce sera , en un mot , le seul moyen de pratiquer la fraternité. Les ouvriers de tout état ne doivent pas oublier que l'Union fait la Force. A l'œuvre donc , vous qui êtes en retard ; prouvez à vos frères que vous comprenez ces mots sublimes de Liberté , Egalité , Fraternité.

Parmi les tailleurs de pierres , il existe quatre sociétés , deux de *Salomon* , deux de *Maître-Jacques*. Les premiers sont généralement tailleurs de pierre froide ou pierre dure; ils sont dénommés compagnons de l'*Union* et compagnons *Etrangers*.

Les seconds , sous le nom de compagnons *Passans* ou compagnons *du Devoir* , les autres, *Aspirans*. Leur partie en général est la pierre tendre et le bâtiment. Je crois , sans empêcher la fraternité, que de ces quatre sociétés il n'en faudrait que deux au plus, s'il n'y a pas moyen de n'en faire qu'une , vu la différence de la qualité de pierre qu'ils travaillent.

En 1859 , les enfans de *Salomon* se séparèrent ; ce fut l'aristocratie , c'est-à-dire , les hauts-grades qui en furent les auteurs , et voici comment : cette société qui , sans contredit, serait la plus belle du tour de France, se composait de *Jeunes-Hommes* et de *Compagnons*. Le premier grade pour les Jeunes-Hommes, le second pour les Compagnons. Je ne parle pas du noviciat, ce sont des jeunes gens qui sortent de leur pays, arrivent dans une ville quelconque, et, recommandés par des anciens, qui, souvent, n'ont pas instruit les partans de ce que c'est que le compagnonnage, et que l'on initie au bout d'un certain temps, après avoir jugé leur conduite et leur capacité. — Les Compagnons faisaient table à part, ils avaient les clés de la caisse, délibéraient à part sur les fonds disponibles, recevaient les correspondances sans en rien dire aux *Jeunes-Hommes*. Mais quand il s'agissait de verser les quotités, alors les *Jeunes-Hommes* étaient admis, ils avaient beau réclamer des règlemens de compte, on leur imposait silence en les menaçant de ne les faire parvenir que difficilement au grade de Compagnon, s'ils se montraient turbulens. J'ai vu moi-même des *Jeunes-Hommes*, ayant de grandes dispositions pour le trait, qui, à l'école du soir, étaient démontrés par des compagnons assez égoïstes pour leur démontrer de travers, dans la crainte d'être surpassés par ces *Jeunes-Hommes*. Il faut avouer que ce n'était guère fraternel. Y avait-il un bon chantier à la tâche pour gagner un peu plus en forçant sa journée, c'était pour les compagnons, et dans les villes autres que Paris, dans les chantiers à la journée, les compagnons gagnaient 50 centimes de plus par jour, malgré que les *Jeunes-Hommes* fissent le travail aussi bien, quelquefois mieux. Il est souvent arrivé d'en débaucher un pour faire place à un compagnon, et cela malgré les volontés de l'entrepreneur. Un tel état de choses ne pouvait durer longtemps sans scission, c'est ce qui eut lieu. Et s'il y a des torts des deux côtés, aux compagnons le plus grand.

La révolution de Février devrait anéantir tout cela, et les *Jeunes-Hommes* qui ont formé la société de l'*Union*, devraient employer tous leurs efforts pour faire rentrer dans la bonne voie ceux qui s'en sont écartés. On y parviendrait en faisant un pas chacun et en nommant une commission dans chaque ville de France où il existe une mère de compagnons ; alors ce serait de la vraie et de la bonne fraternité.

Les ouvriers charpentiers étaient divisés en deux sociétés sous les noms de *Compagnons de Devoir, de Liberté, Enfans de Salomon*, et du *Père Soubise* ou *Drille* pour les *Enfans de Maître-Jacques*. Ils ont su fort bien s'entendre lorsqu'ils se mirent en grève en 1845, pour augmentation de salaire. Voilà encore de la fraternité et un bon commencement pour le bien matériel. Que tous les corps d'état s'unissent donc ainsi pour que la France, cette grande nation, puisse dire aux puissances étrangères : nous sommes unis, et nous nous lèverons comme un seul homme si vous insultez un de nos frères ou si vous venez nous défier.

Bien des gens critiquent les sociétés de compagnons sans en savoir le motif. Chaque chose a son bon et mauvais côté, je vais l'expliquer brièvement. Le plus grand mal, c'est que les sociétés ne peuvent se souffrir. De là les rixes qui s'en suivent ; les condamnations à la prison enveniment les haines, et souvent, par esprit de vengeance, quatre tombent sur un seul. Plus tard, il a sa revanche, car, ses camarades ne souffrent pas que cela se passe ainsi. Encouragé de cette manière, il attend le moment favorable pour se venger. Malheureusement il ne se présente que trop souvent, étant dans la même ville. Les agens de police arrivent, s'emparent de celui qui frappe, sans s'inquiéter s'il a été battu par son adversaire quelques jours auparavant et dont il porte encore les cicatrices, ce qui l'accuse davantage, car le juge lui dit : Vous êtes un batailleur, vous ne devez pas vous faire justice vous-même ; c'est très-vrai, et il faudrait que ce fût ainsi. Et comme ces procès ne sont jamais bien éclaircis, l'innocent est souvent puni pour le vrai coupable. Plus de batailles donc ! union ! union ! entre toutes les sociétés.

Les sociétés sont excellentes au point de vue moral, et l'on y rend des services mutuels. On y punit le vol avec plus de honte que de faire six mois de prison ; on bannit le voleur de la société, et dès ce moment il ne peut plus y rentrer ni travailler dans un chantier qui appartienne à la société ; quatre jours après, le tour de France est averti du nom du voleur ; aussi il est fort peu d'exemples de voir des compagnons punis par les tribunaux comme voleurs. Dans la société, l'instruction se propage beaucoup ; il se trouve toujours quelqu'un qui a reçu de l'éducation. Je me suis trouvé dans deux villes différentes où j'ai rencontré des compagnons qui avaient porté la soutane, d'autres avaient été instituteurs, et qui, pressés par leurs camarades, offrent leurs services à la coterie et à crédit, puisque l'on est logé à la même enseigne, la veille de l'hiver. Mais la mère nourrit tous les compagnons jusqu'au beau temps avec confiance et quelquefois sans perdre un centime, quand il y a un bon compagnon en tête de la société. C'est extraordinaire de voir le bon sang que l'on se fait sans avoir un sou dans sa poche.

Celui qui fait son tour de France apprend à vivre, se civilise, se dégourdit, et de mauvais ouvrier qu'il était en quittant son village, il y revient souvent maître habile. Il est bon de dire à ceux qui n'ont pas encore voyagé qu'il est très-nécessaire de fréquenter une société, tant pour l'embauchage que pour les connaissances qu'il est urgent de faire. *On a souvent besoin d'un plus petit que soi,* comme dit Lafontaine.

Mes bons, mes véritables amis, je pense que vous me comprendrez tous ; et que, sous peu, nous souderons cette chaîne rompue sous Salomon, qui sera alors la grande chaîne d'union de tous les ouvriers, et qui en se tenant par la main crieront bien haut : Vive la France républicaine.